BUONAPARTE

ET SA

PERFIDIE DÉVOILÉE.

BUONAPARTE

ET SA

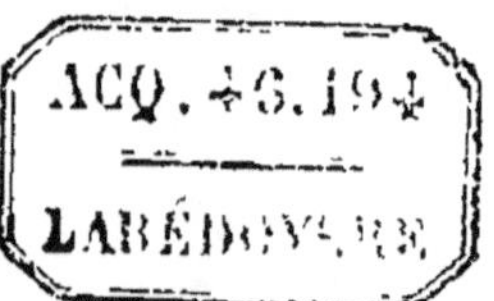

PERFIDIE DÉVOILÉE.

PAR

JOSEPH CHAMOULAUD,

Négociant a Dunkerque.

1815.

A SA MAJESTÉ

L'Empereur Alexandre.

SIRE,

Proscrit pour avoir été dévoué à mon Roi, j'échappai par la fuite à mes bourreaux. J'allai chercher un asile dans un réduit obscur. Là je me reportais vers ce moment fortuné où Votre Majesté, pouvant dicter des lois, signala sa grandeur d'âme, en rendant le Trône à un Roi légitime, et la liberté à son Peuple malheureux. Je me disais: ALEXANDRE apprendra-t-il avec indifférence qu'on ait renversé son ouvrage, et que le crime triomphe? Je ne le croyais pas: Il me semblait voir VOTRE MAJESTÉ prendre la défense de la vertu opprimée. Cette consolante illusion diminuait mes chagrins, lorsque j'appris que *Votre Majesté* armait, et qu'elle quittait ses États pour venger l'insulte faite aux têtes couronnées dans la personne de mon *Roi*. Dès ce moment j'entrevis encore des jours heureux, et ne doutant pas d'une prompte délivrance, je supportai ma captivité avec résignation. Ce fut à cette époque que j'écrivis *Buonaparte et sa perfidie dévoilée*. En offrant cet ouvrage à *Votre Majesté*, je cède, *Sire*, aux mouvemens de mon cœur. La première vertu dans un Prince, celle qui suppose toutes les autres, c'est de vouloir être aimé ; et aucun Prince n'a plus de droit que vous, *Sire*, au respect et à l'amour des Français, puisqu'ils vous doivent leur ROI et la liberté.

VOTRE MAJESTÉ ne me blâmera donc pas de lui donner un témoignage de mon amour et de ma reconnaissance. C'est un grand bonheur pour moi, mais plus heureux encore ceux qui ont l'honneur d'approcher VOTRE MAJESTÉ, puisqu'ils peuvent admirer de près le SOUVERAIN aux vertus duquel l'Univers rend hommage.

Je suis avec le plus profond respect,

SIRE,

DE VOTRE MAJESTÉ,

Le très-humble et très-obéissant serviteur,

JOSEPH CHAMOULAUD.

RÉFLEXIONS DE L'AUTEUR.

—————

Proscrit, abandonné de la nature entière,
Dans un réduit obscur je me vois relégué.
De ma vie, ô grand Dieu, que je suis fatigué!
Devrai-je dans ce lieu terminer ma carrière?
Quel est mon crime enfin ?
        D'avoir aimé ton Roi,
Abhorré l'Empereur, et méconnu sa loi.
J'ai rempli mes sermens ; j'en puis être victime :
Du moins des gens de bien j'aurai toujours l'estime.
Puisqu'au fer des méchans j'ai par ruse échappé ;
Que de tous mes malheurs je ne suis point frappé.
Profitons du moment : que ma plume retrace
Les horribles forfaits de leur coupable audace.
Du complot des brigands découvrons l'origine,
Et de leurs sourds travaux faisons sauter la mine.

—————

BUONAPARTE

ET SA PERFIDIE DÉVOILÉE.

BUONAPARTE, en s'en allant à l'île d'Elbe, quittait la France avec dépit, mais ne désespérait pas d'y réntrer. A peine fut-il arrivé à Porto-Ferrajo qu'il écrivit à quelques-uns de ses fidèles serviteurs à Paris. Il leur demanda si les troupes pensaient encore à lui, et si ceux qu'il avait comblé de biens et d'honneurs l'avaient oublié.

« Les vieux soldats, lui répondirent-ils,
» vous regrettent. Il ne se passe pas un jour
» qu'ils ne vous immolent des victimes. Ces
» sacrifices doivent vous être d'autant plus
» agréables qu'ils sont bien différens de ceux
» que les romains faisaient à leurs Dieux,
» soit pour se les rendre favorables, soit pour
» les remercier de leur avoir donné la vic-
» toire. Ils se bornaient à leur immoler des

» taureaux, des bœufs ou des génisses. Ici
» on vous immole des hommes. Tous les
» jours une vingtaine de victimes vous sont
» sacrifiées. On les prend parmi les officiers
» et soldats russes, prussiens, autrichiens
» ou anglais. A l'exemple des romains, on ne
» les fait pas venir dans l'arène pour leur
» donner la mort. Ce serait contraire aux
» principes ; mais des maîtres d'armes, des
» spadassins provoquent ces braves gens ;
» ils les attirent en rase campagne ; là on met
» l'épée ou le sabre à la main, et la victoire
» n'est pas indécise. Vous savez que tous
» vos vieux soldats ont appris à faire des
» armes, et qu'ils y sont fort adroits. Les
» russes, les prussiens, les autrichiens et les
» anglais expient par la mort l'outrage qu'ils
» vous ont fait. Ce qu'il y a de mieux, c'est
» que ces sortes de combats font honneur
» au vainqueur. Quelques gens, qui s'ima-
» ginent être plus sages que les autres, pré-
» tendent que ces combats ne sont que des
» assassinats déguisés sous le nom d'affaires
» d'honneur. Ces scènes scandaleuses, disent

» ils, sont provoquées par les partisans de
» Buonaparte; elles sont indignes de braves
» gens, et blamées par la nation. Ce sont vos
» ennemis qui tiennent ce langage; ils ont
» raison jusqu'à un certain point; mais
» nous ne faisons aucune attention à leurs
» discours: nous encourageons au contraire
» ces désordres, car nous y voyons les
» moyens d'exciter du tumulte, et d'attirer
» l'animadversion des puissances sur le nou-
» veau gouvernement. Vous avez encore des
» serviteurs fidèles. Leur dévouement, le
» temps et l'argent vous rendront la fortune
» propice. »

Buonaparte reçut cette lettre lorsqu'il était
à table. Il l'ouvrit et la lut. L'on s'apperçut
que le contenu lui faisait un plaisir inexpri-
mable. Il se leva brusquement. Ses yeux
étincelaient. On l'entendit proférer ces paro-
roles: « Du sang, du sang! Des serviteurs
» fidèles! Je puis donc espérer de me venger.
» Je puis donc espérer de voir encore des
» champs tout couverts de morts et de mou-
» rans. Mais ne perdons pas un temps pré-

» cieux. Encourageons le zèle de ces servi-
» teurs dévoués ; indiquons leur les moyens
» d'attiser le feu de la discorde, et de saper
» le trône des Bourbons. »

Voici ce qu'il écrivit à ceux qui secondaient ses projets régicides.

« Fidèles serviteurs, vous qui avez eu
» part à ma gloire, et qui partagez mon in-
» fortune ; vous qui n'avez jamais cessé de
» me donner des preuves de votre amour
» et de votre dévouement, comptez encore
» sur ma protection et sur mes bienfaits. Je
» me repose sur votre zèle et sur vos lumières.
» Je sais que l'argent vous est nécessaire ; vous
» en prendrez chez Grandfoux et Rêvecreux,
» banquiers à Paris. Je mets deux millions
» à votre disposition. La corruption, la
» corruption. N'oubliez pas qu'avec la cor-
» ruption, la ruse, le mensonge et la calom-
» nie, on renverse un Etat. Ayez dans les
» départemens, et particulièrement à Paris,
» des hommes adroits qui sèment la division
» parmi les citoyens, qui jettent de la dé-
» faveur sur les Bourbons, qui blâment tous

» les actes du Gouvernement et qui rehaus-
» sent la sagesse du mien. Songez que vous
» travaillez pour votre bonheur, car je ne
» veux vivre et mourir que pour vous. »

Les dignes serviteurs d'un tel maître n'eu-
rent pas plutôt reçu ce message qu'ils s'em-
pressèrent à répondre aux vues de leur auguste
Empereur. Ils crurent devoir monter une
espèce de police; ils la montèrent en effet.
Ils choisirent leurs agens parmi ces hommes
qui avaient perdu leurs places par suite des
suppressions nécessitées par la paix. Ceux-ci
étaient charmés de trouver l'occasion de
bouleverser la France, assurés dès-lors d'être
employés, et d'avoir part au pillage qu'une
pareille révolution devait occasionner. Les
uns se répandirent dans les départemens,
jetèrent de la défaveur sur le Roi, sur les
Princes et sur tous les Ministres. Ils fréquen-
tèrent les préfets, les sous-préfets et les
maires. Ils s'apitoyèrent sur le sort de la
France. Ils insinuèrent à ces Magistrats qu'ils
n'avaient plus cette autorité, et qu'ils ne
jouissaient plus de la même considération

que sous le règne de l'Empereur. D'autres s'attachèrent aux maréchaux, aux généraux, aux colonels, aux officiers des régimens, et particulièrement à ceux qui étaient mis à la demi-solde. « Ce n'est point ainsi, leur di-
» saient-ils, que l'Empereur aurait payé vos
» services; mais ce gouvernement ne cher-
» che qu'à avilir le militaire, et à s'en débar-
» rasser, Il veut vous faire remplacer par
» des émigrés. Vos victoires sont des crimes
» à ses yeux, vos cicatrices sont des flétris-
» sures. » Ils prenaient une note exacte de ceux qui paraissaient goûter ces propos, afin de les employer à corrompre les autres. D'un autre côté ceux qui étaient à Paris suivaient la même marche. Ils faisaient plus : ils exci-taient les vieilles troupes contre la maison du Roi. Ce parti, s'accroissant chaque jour de ces êtres démoralisés qui ne peuvent vivre que dans le tumulte et le désordre, parvint à gagner des membres du corps-législatif. Quand la France réclamait l'abolition d'une loi désastreuse, d'une loi destructive de l'a-griculture, du commerce et de l'industrie,

telle que celle des droits réunis, ils remuaient
ciel et terre pour arrêter l'effet de cette ré-
clamation. « Si le peuple est heureux, di-
» saient-ils, il chérira le Roi : dès-lors il
» nous sera impossible de le chasser du
» trône. » Tout prenait une direction favorable à leurs desseins perfides. On fait naître
la nécessité d'envoyer des troupes dans le
midi. On donne l'ordre de s'y rendre à des
corps dont les officiers étaient vendus à Buonaparte. Ces dispositions faites, on l'instruit
de hâter son arrivée. « Du lieu du débarque-
» ment jusqu'à Paris, lui dit-on, ce sera
» une marche triomphale. Si quelques régi-
» mens pouvaient être indécis, la vue de leurs
» frères d'armes opérerait leur conversion. »
Buonaparte quitte l'île d'Elbe, et débarque sur le territoire français sans la moindre
opposition. Il va à Lyon où la crainte fait
taire les hommes timides, tandis que les pro-
messes fallacieuses du héros de l'île d'Elbe
encouragent et déterminent nombre de Ly-
onnais à marcher sous ses drapeaux. Il quitte
Lyon pour se rendre à Paris. Toutes les

C.

troupes. qu'on avait envoyées pour l'arrêter, se rangent sous ses étendards. Le
Roi apprend qu'un maréchal s'est désho-
noré par la plus infâme trahison, que
les officiers et les soldats, sur lesquels
on pouvait le plus compter, ont embrassé
le parti de Buonaparte, et qu'il n'est plus
qu'à une très-faible distance de Paris. Ce
Monarque juge qu'il serait fort inutile de
faire exterminer sa maison, puisque la va-
leur devait toujours finir par céder au nombre, et que la résistance, qu'on pourrait
opposer aux troupes de Buonaparte, n'abou-
tirait qu'à provoquer des massacres. Le Roi,
en bon père, cède à la circonstance, quitte
Paris, accompagné de quelques fidèles serviteurs, se rend à Lille, et de-là en Belgique,
pour y préparer les moyens de rentrer dans
ses Etats, de se replacer sur son trône, et
de rendre la liberté et le bonheur à son
peuple. Dans toutes les villes où le Roi pas-
sait, il recueillait des témoignages non dou-
teux de l'amour le plus vif, et du dévouement
le plus sincère. Les citoyens, en voyant ce

bon Roi obligé d'abandonner la France, versaient des larmes. Ils levaient les yeux au ciel, l'imploraient, et disaient: «qu'al-
» lons-nous devenir? La vengeance céleste
» n'est-elle donc point satisfaite? Quels nou-
» veaux malheurs devons-nous éprouver? »

Dans ces entrefaites Buonaparte entre à Paris. Tous les citoyens sont frappés de ter-reur et de crainte. Ils s'imaginent voir Marius entrant dans Rome, et commandant le mas-sacre des meilleurs citoyens. Cependant Buonaparte se maîtrise et compose sa figure. Il paraît riant; il annonce qu'il jette un voile sur le passé, mais ses yeux décèlent que sa vengeance n'est que différée. Il passe la revue de ses troupes; il les porte aux nues, et leur dit: « Vous avez reconquis votre Empereur
» par votre amour, par votre courage et par
» toutes vos vertus militaires : il saura vous
» récompenser. Gloire, honneurs, richesses,
» tout vous est réservé. Je n'attends que
» l'arrivée de Marie-Louise et du Roi de
» Rome pour vous faire cueillir de nou-
» veaux lauriers. La Belgique sera réunie à

» la France. La Hollande recevra un Roi
» de ma main. Je détronerai le Roi de
» Prusse. Les troupes de l'Empereur d'Au-
» triche s'associeront à vos nobles travaux;
» nous irons dicter des lois à Saint-Péters-
» bourg, et l'Angleterre aura le sort de
» Carthage. »

Il fait payer un mois de solde aux officiers à demi-solde, qui étaient venus le
joindre, leur ordonne de se rendre dans
leurs foyers, et d'y attendre de nouveaux
ordres. Il assigne diverses garnisons à ses
soldats. S'imaginant apparemment faire
trembler les Puissances, il se qualifie d'Empereur, etc., etc., etc. Cet homme vain et
présomptueux, arrogant dans la prospérité,
et lâche dans l'adversité, gonflé d'orgueil
de son retour dans la Capitale, se voyait
déjà à la tête d'un million de soldats, faisant ramper l'Univers sous ses lois. Mais
ceux qui avaient favorisé l'arrivée de Buonaparte à Paris, remarquent du dérange-
ment dans ses organes. Ils tremblent. La
faculté est appelée. Elle lui donne tous les

secours de l'art. Faible espoir, cependant ses accès de frénésie n'étaient pas aussi réitérés. Quelques jours se passent. Il devient plus calme, et finit par recouvrer l'usage de l'ouie et de la parole. Il donne audience à ses plus dévoués serviteurs. Ceux-ci l'invitent à être plus dissimulé ; « vos dis-
» cours, lui disent-ils, ont indigné toutes
» les Puissances. Par-tout on arme contre
» vous. On ne veut pas reconnaître vos
» Ambassadeurs. On ne fait la guerre qu'à
» vous seul. On veut vous exterminer ».
Ceci le fit rentrer en lui-même. Dès ce moment il consentit à jouer le rôle d'un Souverain pacifique. Il promit de suivre tous les avis qu'on lui donnerait. Il ne fut jamais plus docile. « Bornez-vous, lui dit-
» on, à déclarer que vous n'êtes venu en
» France que pour vous rendre aux vœux
» de tous les Français. Annoncez aussi que
» vous renoncez aux conquêtes, et que
» vous ne voulez que le traité de Paris et
» la paix. C'est le seul moyen de désar-
» mer les Puissances et de vous sauver ;

[22]

» autrement votre mort est certaine. Si les
» Puissances, qui ne sont pas sans craindre
» le sort des armes, ajoutent foi à vos dis-
» cours, deux ans nous suffiront pour con-
» solider votre Gouvernement : alors vous
» leur tiendrez un autre langage ». Buonaparte goûte cet avis. Il fait de suite imprimer
et publier qu'il n'est sorti de l'île d'Elbe
que pour se rendre aux vœux des Français,
que, revenu de ses erreurs, il renonce aux
conquêtes, ne veut que le traité de Paris et
la paix. Mais toute la France lui répond :
si tu ne voulais plus faire de conquêtes ; si
tu ne voulais que le traité de Paris et la
paix, pourquoi es-tu sorti de ton île ? Quel
besoin la France avait-elle de toi ? *Louis-
le-Désiré* ne pensait pas à faire des conquêtes ; fidèle aux traités, ce Monarque se ren-
fermait dans celui de Paris. Nous avions la
paix et le bonheur. Chacun voyait dans
l'avenir les moyens de cicatriser ses plaies.
Qu'es-tu donc venu faire ? Détruire toutes
nos espérances, appeler sur nous la vengeance céleste, nous livrer à la guerre civile,

à la guerre extérieure, nous donner la fa-
mine et peut-être la peste ; et tu as l'audace
de publier que tu t'es rendu aux vœux
des Français. Si tu t'étais rendu aux vœux
des Français, ton entrée en France eut été
comme celle de *Louis-le-Désiré*. Ce Monarque débarque à Calais. Les français de
tous les environs s'y rendent. Ils veulent
jouir du plaisir de voir un Roi proscrit et
malheureux, reconquis par l'amour de ses
sujets. Chaque citoyen court et se presse.
C'est à qui verra le premier son bon Roi.
Ils sont tous jaloux de toucher son habit,
de lui prendre la main. Quel spectacle at-
tendrissant ! Ce sont des enfans privés de
leur père depuis nombre d'années, qui le
retrouvent lorsqu'ils le croyaient perdu
pour toujours. Ils s'écriaient en s'en allant :
nous avons vu notre bon Roi ; nous avons
touché son habit ; il nous a donné la main.
Voilà le langage du cœur. A-t-on exprimé
pareils sentimens lors de ton débarquement ?
a-t-on fait éclater cette même joie , prélude
du bonheur que l'on attend ? Non certes.

En veux-tu savoir la raison? C'est que tu n'étais accompagné que de conspirateurs. Si tu t'es rendu aux vœux des français, pourquoi appelles-tu l'armée pour sanctionner l'addition à une constitution que tu as violée mille fois? Pourquoi mets-tu les français sous la puissance des bayonnettes pour la leur faire accepter? Tu ne peux disconvenir que tu ferais destituer le fonctionnaire public qui refuserait de l'accepter. Les français t'appellent; les français regardaient ton absence comme une calamité; les français ne pouvaient vivre sans toi, et tu ne veux pas leur laisser la liberté de t'exprimer leur amour; tu ne veux pas leur laisser la faculté de te donner un témoignage public de leur reconnaissance, en leur permettant d'accepter librement l'addition à une constitution qui, suivant toi, doit faire leur bonheur. Tu préfères leur enlever leurs suffrages à la pointe de l'épée. Conviens donc que cette conduite est un peu tyrannique.

La duplicité, le mensonge, la calomnie, voilà tes armes favorites.

Pour donner à l'esprit public une direction qui te soit favorable, tu fais publier qu'on voulait déposséder les propriétaires de biens nationaux: Quelle imposture ! La légitimité de la vente de ces biens n'a-t-elle pas été consacrée par une loi rendue par le Corps législatif, approuvée par la Chambre des Pairs, et sanctionnée par le Roi ?

Dans l'espoir de faire lever la nation en masse, tu dis que les Puissances, nos alliées, tes ennemies, veulent partager la France.

Un Alexandre-le-Grand, un descendant du Grand-Frédéric, un Prince Régent d'Angleterre qui a donné tant de fois à Louis des preuves de l'attachement le plus sincère, et toutes les Puissances qui ont secondé ces Monarques dans leur noble entreprise, voudraient, à t'en croire, ternir à jamais leur gloire. Non, non. Tous ces héros ne peuvent avoir d'autre désir que de s'immortaliser par leur grandeur d'ame.

Tu veux légitimer ta spoliation, et même effrayer les Souverains. Tu leur dis : « Si » vous nous disputez notre possession, vous

» ramenerez les désordres en France, et
» l'Europe sera bouleversée ». Quels malheurs pourraient donc fondre aujourd'hui
sur l'Europe en alarmes et sur la France
désolée? Le plus grand de tous les maux
n'est-il pas de voir le crime sur le trône,
tandis que naguères la vertu l'honorait?
Ta possession !.... Comment donc l'as-tu
acquise ? Il me semble voir des brigands
assiéger un château, s'en rendre maîtres,
en chasser les propriétaires, s'y établir, et
dire ensuite à la justice qui les poursuit :
Nous avons conquis ce château par la force
et la ruse ; nous l'occupons : ergo, c'est notre
propriété. Malheur à vous, si vous voulez
nous en dépouiller. C'est cependant ainsi
que tu es devenu possesseur du trône. Tu
as trompé les Rois ; tu voudrais encore les
tromper, mais ta politique est en défaut.
Ne devais-tu pas t'estimer très-heureux
d'avoir obtenu le traité de Fontainebleau
de la magnanimité des Puissances, lorsque
tes infidélités aux traités, tes assassinats, et
tous tes crimes, dont il serait trop long de

faire l'énumération, ne te promettaient que l'échafaud ? Tu voudrais que tous les Français embrassassent ta cause et se fissent immoler pour toi. Détrompe-toi. La masse des Français est vertueuse; elle t'abandonne, et l'Être Suprême protège son existence.

Tu fais armer Montmartre et Chaumont. Mais quand tu entourerais la Capitale de bouches-à-feu, penses-tu que les Parisiens te soient plus dévoués que les Français des départemens ? Quelle erreur! Les Parisiens sont Français; ils aiment le Roi et la liberté sans licence : ainsi, ils ne se feront pas exterminer pour défendre un tyran. Que signifie ta Constitution? Que signifient tes Chambres? Ne vois-t-on pas que tu cèdes à la circonstance? Si tu avais des succès, les sentimens de justice qui paraissent diriger ta conduite, s'évanouiraient, et l'on verrait à découvert le tigre qui s'est abreuvé du sang des Français. Tu deviendrais plus tyran que jamais. Tu n'épargnerais pas même ceux à qui tu dois ton retour, et les

Français gémiraient de nouveau dans l'esclavage. Un tigre ne change pas de nature.
Il est et sera toujours tigre. Ce ne sont pas
les citadelles qui arrêtent la chûte des trônes, c'est l'amour des peuples.

« Si j'étais Roi , je voudrais être juste ;
» Dans le repos maintenir mes sujets;
» Et tous les jours de mon Empire auguste
» Seraient marqués par de nouveaux bienfaits ».

VOLTAIRE.

C'est d'après ces principes que, de nos
jours, le Roi de Prusse a gouverné ses peuples. Ce Souverain est battu. Il est forcé à
quitter ses États; mais ses sujets le regrettent et l'appellent. Le désespoir double
leur courage; ils luttent contre l'adversité;
la fortune couronne leurs généreux efforts;
ils aïdent leur Monarque à reconquérir son
Royaume, à rentrer dans sa Capitale; et
c'est aux acclamations de tout son peuple
qu'il se replace sur son trône. Rentre en
toi-même. As-tu mérité et peux-tu espérer
un pareil triomphe? D'ailleurs, toute la
France appelle Louis. Toute la France tend

les bras vers ce Roi chéri, et bientôt ce Monarque adoré se rendra à ses vœux, délivrera son peuple de l'esclavage dans lequel il gémit, et lui rendra le bonheur que tu lui as ravi.

Tu périras !

Un crime tôt ou tard enfante un autre crime.

Tu périras par la main de ceux qui t'ont accompagné, de ceux qui ont secondé tes projets insensés. Tu périras. Ils t'assassineront pour sauver leur malheureuse existence. Crois-moi. Il en est encore temps. Prosterne-toi devant l'Éternel ; supplie cet Être bienfaisant de te pardonner tes forfaits. Implore la clémence des Souverains ; ils sont généreux ; peut-être cèderont-ils à tes prières. Hâte-toi, ne perds pas un moment. Le Ciel est courroucé ; sa vengeance est prête à éclater.................. Tu tardes. C'en est fait, les destins s'accomplissent ; les éclairs sillonnent les nuages, le tonnerre gronde, la terre tremble, elle s'entr'ouvre ; tous les démons se sont échappés de leur effroyable demeure ; ils paraissent, te réclament, t'apperçoivent, se précipitent sur toi, t'arrêtent, te saisissent, et t'entraînent dans les enfers, dont tu n'étais sorti que pour venger le Ciel et punir les humains.

Buonaparte, voilà ce que j'écrivais à l'instant où je m'esquivai pour échapper à l'arrestation ordonnée par ton Général Vandamme. Quel était donc mon crime? D'avoir distribué des écrits à la garnison pour l'éclairer; d'avoir désiré et d'avoir tout tenté pour qu'elle prît les armes pour son Roi. La presse était libre, disais-tu. J'ai fait usage de cette liberté. Pourquoi m'avoir forcé à fuir ? Pourquoi m'aurais-tu fait fusiller, si j'avais été arrêté, et que toutes ces vérités fussent venues à ta connaissance ? Aujourd'hui je les rends publiques, parce que je le puis, et que je suis déterminé à m'expatrier plutôt que de vivre sous tes lois. Cela ne m'empêchera pas de combattre ta tyrannie jusqu'au dernier moment. La presse était libre ; c'est vrai ; mais pour tes flatteurs. Elle était libre pour ceux qui pervertissaient l'esprit public, pour ceux à qui il était ordonné de persuader à la nation que la France serait perdue, si tous les Français ne se sacrifiaient point pour sauver ton existence et celle de tes partisans. C'est ainsi que le peuple a toujours été et sera toujours victime des factions. En effet, dans un temps de factions et de troubles, toutes sortes de bruits trouvent créance auprès de la multitude, qui n'est malheureusement pas très-clair-voyante. Écoutez les hommes que Buonaparte a comblé de richesses et d'honneurs; vous les entendrez parler de Patrie, eux qui étaient insensibles aux larmes de leurs concitoyens, alors que le tyran leur donnait les moyens de s'enrichir de leurs dépouilles, d'envahir l'héritage de la veuve et de l'orphelin, et d'étaler un luxe insolent, pendant que l'honnête homme était dévoré de chagrins, et n'avait que la misère en perspective. Vous vous avilissez, vous disent-ils, en ne vous opposant point à l'entrée des troupes des Puissances alliées.

Ne vous y trompez pas. Ce n'est point le sentiment de l'orgueil national qui les fait parler ainsi; c'est la crainte de recevoir le châtiment dû à leur perfidie; c'est la certitude qu'ils ont que le pouvoir s'échappera de leurs mains; c'est enfin l'impossibilité où ils voient qu'ils se trouveront de puiser de nouvelles richesses à la source de vos malheurs. Ingrats ! Si vous eussiez été capables de reconnaissance, eussiez-vous oublié que votre Roi vous avait pardonné vos forfaits ? Si vous eussiez eu un cœur français, eussiez-vous forcé ce Roi à quitter ses États ? Ce Monarque ne s'était replacé sur son trône que pour consoler son peuple, le rendre à la vertu, et lui faire goûter quelques instans de bonheur. Hommes pervers! Si vous eussiez aimé votre Patrie, eussiez-vous fait revenir ce Buonaparte, l'exécration de l'Univers ? Cessez de vous faire illusion : vous n'arriverez point à votre but. Le temps des prestiges est passé. Les yeux du peuple sont dessillés. Une année de paix l'a mis à même de faire la comparaison entre un tyran qui sacrifiait tout à son ambition, et un Roi qui n'était guidé que par le désir de faire des heureux. Aussi ce peuple ne cesse-t-il de faire des vœux pour le succès des armes des Puissances alliées. Il sait que ce succès peut seul le délivrer des factieux qui l'oppriment, et lui rendre son Roi et le bonheur.

Carnot a dit, le 13 juin, à la Chambre *dite* des Pairs : (*) « Si jamais la famille » des Bourbons pouvait rentrer en France » par l'aide des étrangers, elle en serait » bientôt chassée ». Il ne savait pas qu'il prononçait sa condamnation et celle de tous les factieux. Je suis de son avis. Si le Roi usait encore de trop de clémence, le trône serait ébranlé, et ses sujets les plus fidèles tomberaient victimes de leur dévouement ; mais ce qui s'est passé aura prouvé au Roi la nécessité de surveiller de près toutes les classes de la société. Vingt-cinq ans de révolution ont démoralisé la

---

(*) Tout ce qui a été fait en l'absence de SA MAJESTÉ est nul.

E.

France. Sans morale, point de Gouvernement stable. En vain les Ministres du culte prêcheront-ils la morale, s'ils ne sont secondés par un Roi toujours prêt à punir les méchans et à récompenser les bons. Rien n'est plus important que d'arrêter les crimes par la sévérité. L'honnête homme, quand il se voit négligé, devient seulement moins vif et moins actif pour le bien ; mais le scélérat en devient plus hardi et plus déterminé pour le mal. Carnot, le Roi profitera de vos avis. Ce Monarque extirpera de la société tous les factieux qui ne peuvent que la troubler. Sa prévoyance aura soin de faire mettre au néant ces hommes capables de conspirer de nouveau pour le chasser du trône : ce sera le seul moyen de faire jouir son peuple du bonheur duquel il est privé depuis si long-temps. Je suis persuadé, Carnot, que vous approuvez d'avance la conduite que Sa Majesté se propose de tenir.

A SA MAJESTÉ

L'EMPEREUR ALEXANDRE.

Sire,

L'an dernier, plein de reconnaissance des bienfaits de Votre Majesté, j'eus l'honneur de lui envoyer une adresse. Je disais à Votre Majesté :

Sire,

L'Alexandre de l'antiquité croyait parvenir à la véritable grandeur, en assujettissant tous les peuples, en conquérant l'Univers. Son Empire fut partagé par ses lieutenans, et la postérité l'a jugé.

L'Alexandre de notre siècle s'est attaché à la solide gloire. Pouvant dicter des lois, il a rendu le trône à un Roi légitime, et la liberté à son peuple malheureux. Ce héros sera cité d'âge en âge comme l'Empereur le plus magnanime dont l'histoire ait proclamé les vertus. Puisse l'Éternel lui faire décrire une longue carrière ! C'est le vœu bien sincère que forment les Dunkerquois.

Cette adresse était signée de mes concitoyens. J'ignore si elle est parvenue à Votre Majesté. Aujourd'hui je dirai à Votre Majesté :

SIRE,

J'étais loin de penser que de nouveaux malheurs fondraient sur ma Patrie. J'étais loin de penser que Votre Majesté serait forcée à quitter ses États pour venir délivrer la France du joug sous lequel elle gémirait. Elle était heureuse sous Louis, mais des traîtres l'en ont privé. Ces factieux faisaient jeter dans des cachots tous les citoyens qui ne voulaient point se rendre complices de leur perfidie. Sans Votre Majesté, sans tous les Souverains qui se sont unis à Votre Majesté dans cette guerre nécessaire à l'affermissement des trônes, et sanctifiée par l'Éternel pour le bonheur des peuples, quel eût été le sort de la France! Illustre Monarque, dont les vertus éterniseront la mémoire, de nouvelles couronnes attendent Votre Majesté; déjà la reconnaissance les prépare. Mais, qu'apperçois-je......? C'est le temple de l'immortalité qui s'ouvre devant Votre Majesté. J'y vois écrit:

« Alexandre vous rend votre Roi et la
» liberté. Alexandre est admis au rang des
» immortels ».

Ah! Sire, si Scipion mérita le surnom d'Africain pour avoir détruit Carthage, combien, à plus juste titre, Votre Majesté mérite le surnom d'Alexandre le Français, puisqu'en laissant exister la France, Votre Majesté lui rend son Roi et la liberté, objets de tous ses vœux! Que tous les Sou-

verains qui ont embrassé la cause des Bourbons, reçoivent ici l'hommage de mon respect et de ma reconnaissance !

Je suis avec le plus profond respect,

SIRE,

De Votre Majesté,

Le très-humble et très-
obéissant serviteur,
JOSEPH CHAMOULAUD,
Négociant à Dunkerque.

A SA MAJESTÉ

LE ROI DE PRUSSE.

SIRE,

VOTRE MAJESTÉ fut malheureuse. Forcée à quitter ses États, son peuple qui l'adorait, la regrettait, l'appelait, et lutta contre l'adversité jusqu'à ce qu'enfin le Ciel, couronnant ses efforts généreux, rendit son Roi à ses désirs. LOUIS, comme Votre Majesté, fut obligé d'abandonner son peuple ; mais, comme Votre Majesté, son peuple le regrettait et l'appelait. En aidant ce Monarque à se replacer sur son trône, Votre Majesté prouve qu'elle sait compâtir aux malheurs des peuples. Elle

fût convaincue que ce n'était pas les citadelles qui protégeaient les trônes; elle se fit
aimer de ses sujets. Votre Majesté en a reçu
la récompense digne d'un Roi vertueux.
Vos peuples vous adorent, et sont toujours prêts à s'exposer à la mort, pour vous
prouver leur dévouement. C'est ainsi que
LOUIS nous gouvernait. Des traîtres cependant, des Français indignes de ce nom,
nous en ont privés. Ah ! Si Buonaparte
eût passé par le département du Nord, et
que les autorités eussent secondé notre dévouement, les Rois n'auraient pas dû venir
à notre secours; mais, si notre courage n'a
pu opposer une résistance efficace aux com-
plots criminels des conspirateurs, nous
avons du moins opposé à leurs mesures
une force d'inertie plus désespérante, plus
dangereuse et plus difficile à vaincre que
la résistance. Les menaces ne nous ont
point intimidés, et les avantages qu'on
nous promettait ne nous ont point égarés.
Aujourd'hui que les puissantes armées de
Votre Majesté nous secondent, Sire, nous

prouverons à l'Univers ce que peut le courage enflammé par l'amour d'un Roi qui n'a jamais voulu avoir d'autre empire sur ses sujets que celui que lui donnaient ses vertus. Puissent tous les Rois de la terre être convaincus que l'amour des peuples est le seul rempart devant lequel doivent échouer toutes les forces qui voudraient renverser leur trône ! Un Empire despotique ne se soutient que par la force. Une bataille, deux batailles, trois batailles perdues occasionnent le renversement d'un Empire despotique. Les marches du trône s'affaissent sous elles-mêmes, et les peuples fatigués de gémir dans l'esclavage, bien loin de secourir le Prince, s'arment contre lui pour reconquérir la liberté qu'il leur a enlevée par la force. Ainsi finit l'Empire de Darius, d'Antiochus, et de Xercès, ainsi finit l'Empire de Buonaparte. Mais quand, à l'exemple de Votre Majesté, un Roi gouverne pour le bonheur de ses sujets, rien ne peut le renverser. Si ce Prince est forcé à

F

soutenir une guerre qu'on lui déclare injuste-
ment, tous ses sujets ambitionnent l'honneur de marcher sous ses drapeaux ; s'il est
malheureux, ils font les derniers sacrifices;
s'il éprouve de plus grands revers, ils se
rangent autour du trône, et ce n'est qu'en
marchant sur leurs cadavres qu'on parvient
à le renverser. C'est ainsi que nous servi-
rons Louis. Ce Roi nous a gouverné en
père ; nous le chérissons, et nous périrons
plutôt tous que de l'abandonner. Il ne
peut même y avoir que des intrigans et
des factieux qui ne s'empressent point à
se rallier autour de leur Roi légitime.
Qu'ils viennent tous ces méchans, ils
verront si le courage dirigé par la vertu
sait braver celui que donnent la rage et le
désespoir ! Ils verront comment savent
mourir des sujets qui aiment un Roi vertueux et la liberté sans licence. D'après ces
sentimens, qui sont ceux de tous mes concitoyens, les Dunkerquois croyent mériter
l'estime de Votre Majesté. Puisse-t-elle la
leur accorder, et ne pas la refuser à celui

[43]

qui a l'honneur d'offrir à Votre Majesté
l'hommage de sa reconnaissance !
Je suis avec le plus profond respect,

Sire,

De Votre Majesté,

Le très-humble et très-

obéissant serviteur,

Joseph Chamoulaud,

Négociant à Dunkerque

RÉFLEXIONS SUR BUONAPARTE.

J'ai souvent entendu donner le nom de héros à Buonaparte, comme si l'héroïsme consistait seulement à illustrer son nom par des victoires. L'héroïsme consiste à illustrer son nom, non-seulement par des victoires utiles à sa Patrie, mais encore par ses vertus. Sous l'un comme sous l'autre rapport, Buonaparte ne se rendit jamais digne du nom de héros. Remontons au moment où il commença à paraître sur le théâtre des affaires publiques, et voyons les moyens dont il se servit pour arriver au pouvoir. C'est en mitraillant de paisibles citoyens, qui ne s'étaient réunis que pour réclamer leurs droits, que Buonaparte parvient à gagner les faveurs du Directeur Barras. Tout le monde sait que ce fût à Madame de Beauharnais à qui il dût le commandement de l'armée d'Italie. Il obtient quelques succès, gagne une bataille, et se sert de l'empire qu'elle lui donne sur ses soldats pour dicter des lois à sa Patrie. Est-ce là de l'héroïsme? Me dira-t-on qu'il a enchaîné l'anarchie, qu'il a fait respecter les propriétés et qu'il a relevé les autels? J'en conviens. Mais pourquoi l'a-t-il fait? Parce que son intérêt lui commandait d'agir ainsi. La suprême puissance à laquelle il aspirait, lui imposait la loi d'enchaîner l'anarchie, de faire respecter les propriétés et de rétablir les autels. Il voulait ceindre son front d'un diadême. Il fallait bien enchaîner l'anarchie qui se serait opposée à ses vues. Il voulait porter la guerre dans des contrées brûlantes et dans celles hyperborées; il voulait ranger l'Univers sous ses lois; il lui fallait des ressources : où les aurait-il trouvées, si ce qui constituait la fortune publique avait été mis au pillage? Il a rétabli les autels; était-ce par principes de religion, lui qui prit le turban en Égypte? Non, mais ce fût pour faire servir la religion à ses vues d'envahissement. Envisageons-le comme homme de guerre. S'est-il jamais montré avare du sang de ses soldats. Non, certes. Quand un général connaît le prix du sang de ses soldats, il le ménage et doute toujours de la victoire. Avant de livrer bataille, il s'assure une retraite glorieuse. Mais toutes les fois que Buonaparte a été vaincu, il a toujours perdu son armée. Il a fait plus ; il l'a abandonnée. Une forteresse arrêtait-elle sa marche ? Il envoyait dix mille hommes pour l'enlever. Ces dix mille hommes tombaient-ils victimes de son audacieuse barbarie ? Il en envoyait vingt mille autres. Il fallait bien que cette forteresse tombât en son pouvoir ; mais que de sang versé ! Il croyait les hommes inépuisables. Est-il donc étonnant qu'il ait été vaincu ? Il aurait fait périr la moitié de l'Univers pour conquérir l'autre moitié. Un général, avare du sang de ses soldats, aurait tourné cette forteresse par des marches et contre-marches. Il s'en serait emparé sans effusion de sang, ou n'aurait perdu que peu de monde. Voilà les talens qui méritent à un Général le nom de Grand. Toutes les victoires de Buonaparte ne sont pas

aussi glorieuses que la retraite de Moréau.
Ce général se trouve à une très-grande distance de la France; il est cerné, parvient à
se faire jour à travers l'ennemi, et lui fait
un nombre considérable de prisonniers.
Quelle élévation de génie, quelle étendue
et quelle sagacité de vues ; quel courage que
celui qui résiste aux revers et les fait
même tourner à sa gloire! Il est donc
vrai qu'un Général précautionné est préférable à celui en qui domine la hardiesse.
La hardiesse convient à un Général d'avant-
garde ; mais un Général en chef doit se faire
remarquer par sa prudence, son sang-froid
et son courage. Pourrait-on, sans injustice,
mettre l'immortel Moreau en parallèle avec
un Buonaparte, dont les revers ont toujours entraîné la défaite? Buonaparte, bien
loin d'être un héros, mérite moins l'admiration pour ses grandes actions contre les
ennemis de la France, que la haine et
l'horreur publique pour les crimes qu'il a
commis contre sa Patrie. En effet, il eût
tous les vices des grands scélérats; il fût

sans foi, sans honneur, sans humanité; ingrat, ennemi de toute vertu, jaloux de tout mérite, cruel même envers ceux à qui il devait son élévation. Qu'on traite encore Buonaparte de Grand Homme, de héros, c'est peut-être l'exemple le plus marqué de l'imbécilité du genre humain, qui entend assez peu ses intérêts pour attacher l'idée d'héroïsme à l'art funeste de détruire, et qui veut que cet héroïsme subsiste avec tous les vices les plus nuisibles à la société. Malgré les prospérités qui accompagnèrent momentanément les armes de Buonaparte, non-seulement je soutiens qu'il n'eût pas droit au nom illustre de héros, mais j'oserais assurer qu'il ne fût pas heureux. Il fit trembler l'Europe; mais combien de fois trembla-t-il pour ses jours? Il savait qu'il était craint, mais qu'il n'était point aimé. Ses victoires pouvaient le mettre au comble de la joie, mais elles étaient bien empoisonnées par la crainte de voir à chaque instant toute la France en feu. Est-ce là vivre? Quelle leçon pour les conquérans!

G.

Qu'il me soit permis de porter ma vue encore plus loin, et de joindre, à l'exemple
de Buonaparte, celle de la France, dont il
fût le sauveur et le bourreau. Quelle af-
freuse situation que celle de la France au
milieu de toutes ses prospérités ! Elle est
victorieuse de tous ses ennemis, et tyran-
nisée par autant d'hommes qu'il y en a en
place. Elle fait fuir, taille en pièces les
armées étrangères, mais c'est en dévorant
jusqu'aux races futures. Le père se voit enlever ses enfans qui étaient l'espoir de sa
vieillesse. Il leur dit un éternel adieu, car
il ne les reverra plus. Trop faibles pour
endurer la moindre fatigue, la mort les aura
moissonnés avant même qu'ils soient arrivés
aux armées. Elle donne des lois à tous les
peuples, et ne peut maintenir les siennes,
qui changent à chaque instant, suivant le
caprice du tyran qui l'opprime. C'est de ses
prospérités que naissent tous ses maux.
Heureuse sous ses Rois, un conquérant fit
tous ses malheurs. Il n'y a donc de véritable bonheur que dans la vertu; ainsi, un

Roi vertueux est préférable à tous les conquérans.

Est-il étonnant que Buonaparte soit venu à Paris? Le chemin lui était frayé; il était même protégé, défendu contre toutes attaques par les hommes qui avaient vu le pouvoir s'échapper de leurs mains. Quelques parvenus, que Buonaparte avait fait Comtes et Barons, se joignirent à eux. Ils savaient que leurs dignités ne feraient que les exposer à la risée publique sous la dynastie des Bourbons, parce qu'ils déshonoraient leurs titres, soit par leur conduite immorale, soit par leur ignorance, soit enfin par leur hauteur, défaut assez commun aux êtres de cette espèce. Buonaparte fut aussi secondé par quelques maréchaux et quelques officiers qui espéraient, avec un tel chef, s'enrichir des dépouilles de l'univers. Ils se servirent de leur influence pour égarer de braves gens, dont tout le crime fut d'être esclaves de la discipline militaire. Éclairés plus tard sur cette trahison, ils les ont abandonnés.

Tous les bons français n'ont vu que des traîtres dans ces ennemis perpétuels du repos du monde. La moindre réunion étant regardée comme un attroupement séditieux, les citoyens ne pouvaient se communiquer, et reconquérir leur liberté par la force ; mais leur tristesse et leur silence ont dû prouver aux rebelles qu'ils seraient leurs plus mortels ennemis, lorsqu'ils pourraient agir ouvertement. Buonaparte, remonté sur le trône, augmenta le nombre de ses créatures de presque tous les hommes en place. À la vérité cette classe d'hommes obéit plutôt par crainte que par dévouement. Elle n'est même point redoutable, car elle se met toujours du côté du plus fort, du côté de celui qui la paye. Elle est aujourd'hui pour Buonaparte. Dans quinze jours, cet usurpateur sera chassé, le Roi sera revenu, elle sera pour le Roi. Les hommes en place sont en général sans caractère. Combien n'en ai-je pas rencontré qui maudissaient Buonaparte ? Combien de fois ces mêmes hommes ne m'ont-ils pas témoigné le désir de voir revenir les Bourbons? La minute d'après ils rentraient dans leur cabinet, et faisaient exécuter les ordres de Buonaparte. Vous êtes en contradiction avec vous-mêmes, leur disais-je; vous désirez le retour des Bourbons, et vous consolidez la puissance de l'usurpateur, en faisant exécuter ses ordres. Il faut vivre, me répondaient-ils: si nous n'agissions pas ainsi, nous perdrions nos places. Ces Messieurs ne sont pas des Métellus. Ce romain, dont la vertu portait ombrage aux consuls, sur le point d'être exilé, était sollicité par ses amis de ne point priver la République d'un si grand homme. Faites la moindre démarche auprès des consuls, lui disaient-ils, nous sommes persuadés que vous ne serez point condamné. J'aime mieux être condamné, répondit Métellus, que de me couvrir d'ignominie, que de trahir ma Patrie. Il ajouta ces paroles remarquables: « faire le » mal, c'est le fait d'un cœur corrompu. » Faire le bien, lorsqu'il n'y rien à crain-

» dre, c'est le mérite d'un homme du
» commun. Mais faire le bien, en s'expo-
» sant aux plus grands dangers, c'est le
» propre de l'homme véritablement ver-
» tueux ». Il fut exilé. A Rome, l'exil
emportait la confiscation des biens. Dans
le siècle où nous vivons, les Métellus sont
rares, surtout parmi les hommes-en place.

Combien la France doit s'estimer heureuse que les Puissances alliées soient venues à son secours! Sans elles, quel eut été
son sort! Remercions donc l'Eternel de
nous avoir rendu un Roi qui ne s'attache
qu'à faire notre bonheur. Ce Prince veut
conquérir, mais il veut conquérir l'amour
de ses sujets, et l'admiration de l'univers
par ses vertus. Voilà de l'héroïsme.

APOLOGIE DE LA CONDUITE

DU SEXE.

Sous Buonaparte, parler le langage de la raison, avoir un cœur sensible, ne chérir que la vertu, c'était un sujet de proscription aux yeux du tyran et des ministres de ses cruautés. Ces hommes dénaturés osaient faire un crime aux femmes d'abhorrer l'usurpateur. Lâches! Ingrats! Vous insultiez aux malheurs d'un sexe à qui vous devez vos plus douces jouissances, car c'était blâmer les femmes d'être bonnes amies, épouses vertueuses et mères tendres. Vous vouliez donc éteindre en elles tous les sentimens de la nature. Les femmes sont royalistes, disiez-vous. Qu'ont-elles besoin de se mêler des affaires publiques? Vous ignoriez que les françaises savaient s'élever au-dessus de leur sexe, et faire le sacrifice de leurs plus chères affections, lorsqu'il s'agissait de sauver leur Patrie. Aussi quand elles ont vu que c'était pour remettre un tyran sur le trône, que vous alliez leur enlever leurs enfans, et que vous vouliez exposer leurs époux, elles ont dit à leurs enfans: allez, volez où l'honneur vous appelle; allez, combattez, pour votre Roi. Si vous tombez victimes de votre dévouement, la Patrie vous dressera des mausolées, vos noms seront cités dans la postérité la plus reculée, et vous vivrez dans l'immortalité. Elles ont dit à leurs époux: sachez mourir plutôt que de souffrir que le crime triomphe: sachez mourir plutôt que de vous courber de nouveau sous le joug de l'esclavage. Ainsi parlaient ces héroïnes. Femmes vertueuses, vous qui partagez nos chagrins, qui nous aidez à les supporter, et qui nous les faites mêmes oublier, recevez ici le juste tribut d'éloges que vous méritent votre dévouement au Roi, et votre amour de la Patrie. Peu doit vous importer l'opinion de ces êtres démoralisés, de ces vils esclaves et de ces lâches flateurs, qui sont toujours prêts à recevoir des fers, pourvu que l'ignominie, dont ils se couvrent, augmente leur fortune : vous ne devez être, et vous n'êtes réellement jalouses que du respect, de l'amour et de l'attachement des hommes vertueux. Sexe adorable, jouissez de votre ouvrage. Si nous vivons sous les lois des Bourbons; si nous avons encore une Patrie; c'est à vos vertus que nous devons ce bonheur.

Table.

Dédicace,   Page   5.

Réflexions de l'Auteur.   9.

Buonaparte et sa Perfidie dévoilée.   11.

Adresse à Alexandre.   35.

Adresse au Roi de Prusse.   39.

Réflexions sur Buonaparte.   45.

Apologie de la conduite du sexe.   55.